La Pleine Conscience & Budget Minimaliste En Français

l'auteur original de ce travail peut être jugé responsable des difficultés ou des dommages qui pourraient leur arriver après avoir pris les informations décrites ici.

En plus, les informations contenues dans les pages ont des raisons informatives uniquement et doivent donc etre considerees comme universelles. les informations presentees sont sans assurance quant a leur validite continue ou a leur qualite provisoire. les marques de commerce mentionnees sont faites sans autorisation ecrite et ne peuvent en aucun cas etre considerees comme une approbation du titulaire de la marque.

CONTENU

La Pleine Conscience En Français/ Mindfulness In French

Les 10 meilleurs conseils pour surmonter les obsessions et les compulsions en utilisant la pleine conscience

Charlie Mason

Introduction

Il y a vingt ans, l'idée d'être conscient était largement reléguée aux religions orientales et aux idées du nouvel âge. De nos jours, cependant, les chercheurs et la population en général découvrent de plus en plus que la pleine conscience a des avantages incroyables pour aider les gens à faire face au stress et à l'anxiété de la vie quotidienne. Cela peut même aider à recâbler votre cerveau pour qu'il soit plus calme et optimiste!

Ce livre traite spécifiquement de la pleine conscience comme moyen d'aider les personnes souffrant de TOC. Parce que pour de nombreuses personnes, le TOC est associé au stress et à l'anxiété, et la pleine conscience peut aider à atténuer certains des symptômes. Ce livre vous donnera 10 conseils différents pour devenir conscient, ainsi que quelques étapes pratiques que vous pouvez suivre pour mettre en œuvre ces conseils dans votre vie quotidienne. Le résultat escompté est que vous pourrez mieux contrôler vos symptômes de TOC et être habilité à vivre une vie plus productive et épanouissante.

1 Qu'est-Ce Que Le Toc?

Le trouble obsessionnel-compulsif, communément appelé TOC, est un trouble mental dans lequel une personne ressent un besoin constant de nettoyer quelque chose, de répéter certaines routines ou rituels ou d'avoir des schémas de pensée répétitifs. La personne peut se laver les mains à plusieurs reprises, vérifier constamment les boutons du four pour s'assurer qu'ils sont éteints, vérifier constamment les portes pour s'assurer qu'elles sont verrouillées ou compter constamment les choses. Pour beaucoup de ceux qui souffrent de TOC, cela a interféré avec leur vie quotidienne parce que faire face aux compulsions prend une heure ou plus de leur temps chaque jour, et les pensées répétitives associées au trouble les empêchent d'avoir des relations significatives et de s'engager pleinement dans leur vie. Dans les cas extrêmes, les symptômes peuvent être si dommageables que la personne est amenée à envisager ou même à tenter de se suicider.

Bien que la cause du trouble soit inconnue, pour de nombreuses personnes, elle est associée à l'anxiété et au stress. Un grand nombre de personnes qui en sont atteintes ont vécu un événement traumatisant majeur, en particulier la maltraitance des enfants mais aussi des événements comme le décès d'un être cher ou un accident de voiture majeur. D'autres causes peuvent inclure l'infection et la génétique. La moitié des cas de TOC présents avant l'âge de 20 ans et le développement de symptômes après 35 ans sont extrêmement rares. Dans le monde entier, environ 1% de la population serait touchée par le TOC chaque année, et environ 2 à 3% de la population est touchée à un moment donné de leur vie.

Les traitements pour le TOC comprennent des médicaments, tels que les inhibiteurs sélectifs de la recapture de la sérotonine, ainsi que la thérapie cognitivo-comportementale (TCC) pour aider les gens à apprendre à gérer les pensées intrusives et répétitives. Une méthode particulièrement efficace pour traiter le TOC est l'apprentissage de la pleine conscience. La pleine conscience est la pratique consistant à être pleinement conscient de ce qui se passe à la fois autour et à l'intérieur de vous afin que vous puissiez distinguer vos propres pensées négatives de ce qui se passe réellement, séparer vos propres sentiments des faits et ne pas ressentir le besoin de traiter chaque pensé que vous aviez comme si vous faisiez face à une menace.

2 La Respiration Profonde

L'une des méthodes les plus bénéfiques mais les plus négligées pour pratiquer la pleine conscience est de pratiquer des exercices de respiration profonde. Vous n'êtes pas obligé de s'asseoir en position de lotus en fredonnant "ohm", mais si vous vous sentez tellement obligé, alors faites-le. Tout ce que vous avez à faire est de vous asseoir droit (assurez-vous que votre dos est aussi droit que possible), inspirez et expirez. Prenez 10 secondes pour inspirer et 20 secondes pour expirer. Pratiquez cet exercice simple pendant deux minutes par jour.

Les avantages de la respiration profonde sont si immenses qu'il faut se demander pourquoi ce simple exercice est si souvent négligé. Une des raisons est qu'il déclenche naturellement le système nerveux parasympathique, ce qui favorise une réponse de relaxation. Cela provoque en fait une relaxation physiologique de votre corps! De nombreuses maladies, y compris le TOC, sont directement ou indirectement corrélées au stress, et la plupart d'entre nous mènent une vie chargée et stressante. La respiration profonde est un moyen de vous faire ralentir consciemment et de prendre conscience de ce qui se passe à l'intérieur de vous. En étant conscient de ce que vous pensez et ressentez, vous pouvez mieux comprendre ce que sont vos propres pensées, qui peuvent être des distorsions de la réalité, et ce qui se passe réellement autour de vous.

Une des raisons pour lesquelles votre corps commence à se sentir tendu chaque fois que vous vous sentez anxieux est que vous ne respirez pas profondément. Lorsque vous respirez peu profondément, votre corps ne reçoit pas l'oxygène dont il a besoin et est donc incapable d'alimenter correctement vos cellules. Respirer profondément obtient tout l'oxygène dont votre corps a besoin dans chaque partie de celui-ci, permettant à vos muscles contractés de se détendre. Cette réponse est essentielle pour vous aider à contrôler les symptômes du TOC. Vous ne pouvez pas simplement penser à votre sortie du TOC; si vous pouviez, vous auriez probablement trouvé beaucoup de soulagement de vos symptômes maintenant. Votre corps à besoin d'être en phase avec vos pensées; si votre corps est désynchronisé parce qu'il ne dispose pas d'oxygène adéquat, vous ne pourrez pas contrôler les impulsions du TOC. Cependant, avoir un approvisionnement adéquat en oxygène permettra à votre esprit détendu de conjurer certaines impulsions.

Respirez profondément peut même détoxifier votre corps. L'une des principales toxines de votre corps est le dioxyde de carbone; si vos poumons sont compromis par une respiration superficielle, vous ne pourrez pas l'expulser correctement et il s'accumulera. Se débarrasser des toxines comme le dioxyde de carbone permettra à votre esprit et à votre corps de mieux fonctionner.

Un autre avantage de la respiration profonde est qu'elle peut même soulager la douleur et augmenter le bonheur. C'est parce qu'il stimule la libération d'hormones telles que la sérotonine, «l'hormone du bonheur». La sérotonine atténue naturellement le stress et l'anxiété, donc stimuler sa libération est un moyen idéal pour vous aider à contrôler votre TOC.

Alors, prenez deux minutes maintenant et inspirez profondément pendant 10 secondes. Puis expirez pendant 20 secondes. Refaites-le plusieurs fois. Vous remarquerez que vous commencez à vous sentir calme et détendu après seulement quelques minutes.

3 Prenez Notice De Votre Environnement

Beaucoup d'entre nous ont des vies bien remplies où nous ne prenons pas le temps de nous arrêter et de sentir les roses et nous ne remarquons même pas qu'il y a des roses! Si nous le faisons, nous ne nous demandons pas s'ils sont rouges, jaunes ou roses, ni à quel point ils sont jolis. Nous ne sommes tout simplement pas conscients de ce qui se passe autour de nous. Une façon de pratiquer la pleine conscience est de s'arrêter et de prendre note de votre environnement.

Regardez autour de vous pendant une minute. Combien de couleurs voyez-vous? Voyez-vous la couleur marron? Dans combien d'endroits voyez-vous du brun? Et le rouge? Rose? Bleu? Quelle est votre couleur préférée? Combien de fois le voyez-vous? Remarquez comment vous venez de ralentir votre cerveau pour qu'il ne soit plus en course. Vous sentez-vous moins anxieux encore, au moins un peu?

Respirez profondément par le nez. Que sentez-vous? Café? Le parfum de votre collègue? Quelque chose de cuisine? Ça sent bon? L'odeur vous rend-elle heureuse ou vous rappelle-t-elle des souvenirs? Arrêtez-vous et pensez aux odeurs qui vous entourent. Découvrez-les. Inspirez et expirez profondément. Vous vous sentez plus calme? Parfait.

Combien de temps passez-vous à manger votre nourriture? Si vous êtes comme la plupart des gens dans le monde moderne, vous ne passez probablement pas beaucoup de temps à manger. Après tout, vous devez retourner au travail. Il y a tellement de choses à faire en peu de temps! Arrêtez. Ce genre de pensée provoque de l'anxiété et déclenchera des symptômes de TOC.

Essayez de passer plus de temps à manger. Prenez le temps de remarquer ce que vous mangez. Quelle est l'odeur de votre nourriture? À quoi cela ressemble-t-il? Prenez chaque bouchée lentement. Ca a quel goût? Quelle est sa texture? Comment les différentes textures que vous mangez interagissent-elles? Aimez-vous les textures? Prenez une gorgée de quelque chose toutes les trois bouchées. Profitez de votre nourriture et vivez-la pleinement.

Qu'est-ce que tu entends? Est-ce une mouche ou un moustique qui bourdonne autour de votre tête? Est-ce que le plafonnier émet un crépitement? Est-ce une conversation en cours dans la cabine suivante? Est-ce le bruit de la pluie? Écoutes-tu de la musique? Prenez une minute et écoutez-le. Non, écoutez-le vraiment. Faites attention. Soyez conscient des sons qui vous entourent et d'où ils viennent.

Êtes-vous assis à un bureau en ce moment? Peut-être êtes-vous assis dehors sur une chaise ou détendez-vous sur le canapé. Prenez une minute et sentez-le. Passez vos mains avec votre bureau. Qu'est-ce que ça fait?

Vous devriez vous sentir plus conscient de votre environnement maintenant. Être conscient de votre environnement vous aide à séparer vos propres pensées intrusives de ce qui se passe.

4 Ralentir

Beaucoup de gens sont convaincus qu'ils doivent remplir chaque minute de chaque jour avec une sorte d'activité. En conséquence, leur cerveau ne ralentit jamais et ils ne peuvent jamais entrer dans un état de relaxation. Ils ont même des troubles du sommeil parce que leur cerveau est toujours branché. Être constamment en mouvement peut en fait faire croire à votre cerveau qu'il y a une menace, et votre cerveau a une défense intégrée contre les menaces: la réponse de combat ou de fuite. L'adrénaline et le cortisol sont libérés dans votre corps, alimentant encore plus de stress et vous faisant sentir que vous devez travailler plus dur et en faire plus. Être trop occupé peut en fait déclencher la réaction de votre cerveau comme si vous étiez menacé. Il est en fait très utile de simplement ralentir.

Ralentir signifie que vous ne ressentez pas le besoin de remplir chaque minute de chaque jour avec des activités. Vous pouvez simplement vous laisser faire. Asseyez-vous dehors sur l'herbe et profitez de la sensation que vous ressentez sur vos pieds. Profitez de la façon dont le soleil brille sur votre peau; ressentez pleinement sa chaleur. Allez jouer avec votre chien. Poussez un enfant sur la balançoire. Faites quelque chose que vous aimez plutôt que quelque chose qui semble productif et occupé. Trop souvent, nous sentons que nous devons être occupés pour que la vie ait un sens. Cependant, ce n'est tout simplement pas vrai. Le sens se trouve dans les moments où nous ralentissons et apprécions notre environnement et les gens avec qui nous sommes.

Combien de fois par jour vérifiez-vous votre téléphone? Combien de fois par heure? Combien de temps pouvez-vous passer sans vérifier vos e-mails ou SMS? C'est quelque chose dont il faut être conscient. Vérifier constamment votre téléphone vous distrait de la pleine conscience, car cela fait croire à votre cerveau que si vous n'êtes pas productif, vous perdez du temps. Rangez votre téléphone et allez-vous promener. Le monde peut attendre. Vous devez prendre soin de vous-même et de vos propres besoins.

Qu'est-ce qui vous empêche de ralentir? Qu'est-ce qui vous fait croire que vous devez être constamment en déplacement? Avez-vous déjà senti que votre esprit s'emballait? Être occupé alimente-t-il des pensées anxieuses?

Maintenant, prenez une heure pour vous détendre et vous laisser aller. Éloignez-vous de l'électronique, y compris la télévision, et connectez-vous avec vous-même et votre environnement. Comment vous sentez-vous? Votre esprit ralentit-il? Qu'arrive-t-il à vos pensées anxieuses?

Essayez de prendre une heure chaque jour pour ralentir et laissez-vous simplement aller. Ne vous laissez pas distraire et submergé par tout ce que vous pensez devoir faire. Arrêtez-vous, et sentez les roses.

5 Mediter

Vous avez déjà examiné les avantages de la respiration profonde, de la conscience de votre environnement et du ralentissement. Lier toutes ces choses ensemble est l'art de la méditation. La méditation consiste à permettre à votre esprit de ralentir sa concentration sur quelque chose. Si vous avez déjà été tenu éveillé la nuit par une pensée anxieuse qui ne cesse de tourner dans votre tête et dont vous ne pouvez pas vous éloigner, alors vous méditez en fait sur cette pensée anxieuse. Cependant, ce genre de méditation est négatif. La méditation positive, c'est lorsque vous vous concentrez intentionnellement sur des choses bonnes ou positives et que vous ne vous inquiétez pas des pensées négatives qui tentent d'envahir.

De nombreuses religions ont leurs propres pratiques méditatives conçues pour améliorer la spiritualité de l'individu ou sa connexion avec son propre esprit. La Kabbale, la tradition mystique juive, a des pratiques méditatives destinées à sortir l'individu de ses propres luttes quotidiennes et à la connaissance de l'Éternel. Le christianisme a adopté certaines pratiques kabbalistiques, qui sont utilisées par les chrétiens pour méditer sur le Divin. L'Islam, en particulier la branche soufie, a également des pratiques méditatives. Certaines religions, comme l'hindouisme, le sikhisme et le jaïnisme, trouvent que la méditation est si intrinsèque au bien-être spirituel d'un individu qu'elle fait partie intégrante de la vie quotidienne. Si vous vous associez à une religion, un bon point de départ est d'apprendre ce que votre religion dit sur la méditation et comment vous devriez la pratiquer.

Si vous n'êtes pas religieux et que vous n'êtes pas intéressé par ce que ces différentes religions disent sur la méditation, vous pouvez toujours apprendre à méditer. Asseyez-vous droit et fermez les yeux. Gardez votre posture aussi parfaite que possible afin de pouvoir inspirer pleinement et profondément. Inspirez pendant 10 secondes et expirez pendant 20 secondes. Continuez à inspirer et à expirer de cette manière pendant que vous effectuez l'une des opérations suivantes:

1. Dites-vous des choses positives. Tu es une bonne personne. Vous êtes conscient de votre environnement et vous êtes conscient de ce qui se passe à l'intérieur de vous. Vous pouvez surmonter votre TOC pour qu'il ne domine plus votre vie.
2. Concentrez-vous sur quelque chose de positif. Cela peut être une image de l'océan, un souvenir d'enfance préféré ou quelque chose de totalement inoffensif, comme un cadre de porte ou de fenêtre.

Restez dans cet état aussi longtemps que vous le pouvez. Si vous ne pouvez méditer que quelques minutes au début, c'est très bien. Continuez à pratiquer la méditation tous les jours et essayez de rester un peu plus longtemps à chaque fois.

Au début, vous constaterez peut-être que vous êtes distrait par les choses à faire. Si vous essayez de méditer tôt le matin, vous serez peut-être tellement distrait par le besoin de vous rendre au travail à l'heure que vous ne pourrez pas méditer avec succès. Si tel est le cas, essayez de trouver un moment qui vous convient, où vous ne serez pas aussi distrait.

Le but de la méditation est de vider votre esprit de pensées négatives afin qu'il puisse être rempli de positivité. La méditation est en fait un outil puissant qui peut réorienter votre cerveau pour qu'il pense plus positivement.

6 Développer la concentration

Beaucoup d'entre nous vivent des vies tellement occupées que nous ne connaissons pas la valeur de la concentration; et pas seulement cela, nous ne savons même pas comment nous concentrer. À quand remonte la dernière fois que vous avez pu travailler pendant deux heures d'affilée sans avoir à consulter votre téléphone ou vos e-mails? Votre réponse à cette question devrait vous donner une indication de votre capacité à vous concentrer.

Une grande partie du problème est que de nombreuses personnes considèrent la distraction comme une bonne chose. Ils s'assoient sur un banc de parc et regardent leurs téléphones au lieu de regarder les canards dans l'étang. Beaucoup de gens ne peuvent même pas passer un repas avec leurs amis et / ou leur famille sans leur téléphone! Soyez honnête avec vous-même: dans quelle mesure votre téléphone vous empêche-t-il de vous concentrer sur votre propre vie?

Être capable de se concentrer est en fait la pierre angulaire de la pleine conscience. Si vous ne pouvez pas vous concentrer sur la tâche à accomplir parce que vous êtes tellement distrait, alors il y a très peu de place pour que vous soyez conscient de vos propres pensées, de vos sentiments, des personnes autour de vous et de votre environnement.

Voici quelques conseils pour vous aider à développer votre capacité de concentration.

1. Éteignez et éliminez toutes les distractions. Si vous avez l'habitude d'écouter de la musique ou de garder la

télévision allumée, éteignez-les. Mettez votre téléphone portable en mode silencieux ou éteint et rangez-le. Fermez tous vos onglets Internet à l'exception de celui que vous utilisez actuellement.

2. Pratiquez la respiration profonde et la méditation tous les jours. L'effet puissant que ces exercices ont sur votre esprit peut vous aider à éliminer les distractions et à vous concentrer sur la tâche à accomplir.

3. Faites de l'exercice. L'exercice aide à stimuler la libération d'hormones qui vous aideront à vous concentrer. Il brûle également l'adrénaline et le cortisol de votre système, qui peuvent tous deux dissuader la concentration.

4. N'essayez de faire qu'une seule chose à la fois. Notre société valorise le multitâche, mais le multitâche est vraiment un mythe. Vous ne pouvez pas vous concentrer sur deux choses à la fois. Ce qui se passe réellement lorsque vous essayez d'effectuer plusieurs tâches à la fois, c'est que votre cerveau saute constamment entre les tâches, ce qui vous oblige à tout faire de manière plus inefficace. Pensez donc à la chose sur laquelle vous devez travailler maintenant, et faites simplement cette chose. Notez tout ce que vous devez faire pour ne pas oublier et arrivez à ces choses en temps voulu.

Lorsque vous êtes capable de mieux vous concentrer, ces pensées impulsives associées au TOC auront moins de place pour envahir votre esprit. Vous serez plus concentré sur ce que vous faites réellement et moins soucieux d'aller vous laver les mains ou de vous assurer que la porte est verrouillée. Vous aurez également une énorme satisfaction de bien faire votre travail.

7 Soyez gentil avec vous-même

Beaucoup d'entre nous mènent une vie extrêmement occupée et trépidante parce que nous essayons constamment de plaire aux autres. Nous travaillons si dur pour plaire au patron. Nous organisons une fête pour faire plaisir à nos amis. Nous préparons le dîner pour plaire à nos familles. Un effet de l'anxiété est que vous pouvez devenir tellement lié à plaire aux autres que vous ne reconnaissez pas ou n'appréciez pas le besoin de vous plaire. Si vous le faites, vous pouvez vous en dissuader en disant que vous n'avez pas le temps ou qu'il y a trop d'autres choses et de personnes dont vous devez vous occuper.

Cependant, il est vraiment utile d'être gentil avec vous-même. Allez au salon et faites une manucure et une pédicure. Faites-vous coiffer. Préparez votre dîner préféré. Mangez un dessert sans vous excuser. Aller au parc. Allez au jeu de balle. Louez le film que vous vouliez voir. Sortez avec vos amis et faites quelque chose de tellement amusant que c'est ridicule.

Lorsque vous êtes gentil avec vous-même, vous augmentez en fait votre propre estime de soi et votre conscience de soi. Vous devenez plus conscient des choses que vous aimez et des choses qui peuvent vous irriter ou vous décourager. Vous pourrez peut-être trouver les éléments qui déclenchent vos compulsions et vous font avoir des pensées négatives répétitives. En vous engageant dans les choses que vous aimez, vous pouvez réorienter votre cerveau pour qu'il soit réellement plus positif. Il libère ces hormones positives, comme la sérotonine, et se nettoie même des toxines.

Le corollaire d'être gentil avec vous-même est de permettre

aux autres d'être gentils avec vous. Laissez vos amis, votre famille et vos collègues montrer qu'ils vous apprécient. Si quelqu'un veut vous faire un cadeau, ne vous sentez pas obligé de le faire en réciprocité. Plusieurs fois, nous nous permettons de nous sentir coupables lorsque quelqu'un fait quelque chose de gentil. C'est une erreur. Pensez au mobile que vous aviez la dernière fois que vous avez fait quelque chose de gentil pour quelqu'un. Était-ce pour obtenir quelque chose en retour ou était-ce simplement parce que vous vouliez être gentil? Si un ami veut être gentil et vous acheter le dîner, ne vous sentez pas obligé de faire de même. Si vous le souhaitez, tant mieux. Mais ne vous sentez pas obligé de le faire.

Quel est votre plaisir coupable? Pourquoi vous sentez-vous coupable? Qu'est-ce que vous aimeriez vraiment faire à la fin de la journée? Qu'est-ce qui vous empêche de le faire? Comment pouvez-vous gérer les obstacles et les angoisses qui vous empêchent d'être gentil avec vous-même et de faire les choses que vous aimez?

Soyez conscient des choses que vous aimez et de ce qu'elles vous font ressentir. Soyez conscient des raisons pour lesquelles vous faites ou ne vous autorisez pas à participer à ces activités. Et surtout, soyez gentil avec vous-même.

8 La Journalisation

La journalisation est un excellent moyen de prendre conscience de vos propres pensées et sentiments. Se connaître ___ être conscient de soi en comprenant ses pensées, ses actions, ses motivations et ses sentiments _ est une clé puissante pour être conscient. La journalisation est un excellent moyen de vous aider à devenir plus conscient de vous-même.

Un aspect important de la pleine conscience en ce qui concerne le TOC est de pouvoir comprendre quels sont vos déclencheurs. En d'autres termes, quelles sont certaines choses qui vous poussent à avoir des pensées compulsives? Peut-être que quelque chose d'apparemment inoffensif, comme

une horloge ou un jeu de clés, est lié à un souvenir particulièrement stressant ou traumatisant. Vous ne réalisez peut-être pas que ces choses sont en fait des déclencheurs.

La journalisation peut vous aider à identifier vos déclencheurs. Si vous remarquez que vous avez beaucoup de pensées compulsives dont vous n'arrivez pas à vous débarrasser, sortez votre journal et commencez à écrire sur ce qui se passe. Que se passe-t-il exactement autour de vous? À quoi penses-tu? Que ressentez-vous? Qui est impliqué dans la situation? Que disent ou font ces gens? Après un certain temps, vous remarquerez peut-être un modèle dans ce que vous écrivez. Vous pouvez voir que certaines choses vous rendent particulièrement nerveux ou anxieux et provoquent des pensées compulsives.

La journalisation peut également vous aider à calmer une partie de votre nervosité et de votre anxiété. Au lieu de lancer la même idée dans votre tête pendant des heures et des heures, en vous gardant éveillé la nuit, écrivez-la. Notez tout ce qui vous cause du stress, comment ce stress se ressent et comment il affecte votre vie. Vous pouvez ressentir un immense sentiment de libération simplement en écrivant ces choses. Il a été démontré que l'écriture de vos pensées a un effet curatif sur l'esprit et le corps.

La journalisation peut vous aider à vous mettre dans un état de pleine conscience. Cela vous amène à être ennuyé ou distrait par votre environnement à vous aider à devenir en contact avec vos propres pensées et sentiments sur ce qui se passe. Cela peut vous aider à prendre conscience de vos propres goûts, de vos aversions et de ce que vous attendez finalement de la vie.

1. Voici quelques idées sur lesquelles vous pouvez écrire.

    Qu'est-ce qui s'est passé aujourd'hui qui m'a rendu heureux?
2. Qu'est-ce qui s'est passé aujourd'hui qui m'a fait ressentir une émotion désagréable (douleur, colère, tristesse, anxiété, etc.)?
3. Quelles pensées compulsives avais-je aujourd'hui? Qu'ai-je fait de ces pensées compulsives? Quel a été le résultat?
4. Qu'est-ce que personne d'autre ne sait de moi?

Bien que vous puissiez certainement utiliser votre ordinateur pour rédiger un journal, il y a en fait un avantage thérapeutique à écrire des choses sur papier. Allez, essayez-le. Procurez-vous un cahier et un stylo et commencez à écrire. Vous constaterez peut-être que votre esprit est instantanément mis à l'aise.

9 Conseils

Il existe des méthodes de conseil spécialement développées pour les personnes souffrant de TOC. L'un d'eux est la thérapie cognitivo-comportementale (TCC) qui enseigne aux gens à être conscients de leurs propres schémas de pensée afin de pouvoir les changer. C'est un moyen très efficace pour les gens de développer la pleine conscience, en particulier pour les personnes souffrant d'anxiété et de TOC.

Le modèle utilisé par TCC est que nos actions sont motivées par nos pensées, qui sont fortement influencées par nos croyances fondamentales. Nos croyances fondamentales sont essentiellement ce que nous croyons de nous-mêmes et du monde qui nous entoure. Si nos croyances fondamentales disent que nous sommes bons, précieux, forts, dignes, que nous pouvons faire de grandes choses et que nos vies comptent, alors les pensées que nous avons seront généralement positives et agréables. Nous pourrons bien sentir nous-même et en retour, nous pouvons être bons envers les autres. Si nos croyances fondamentales disent que nous sommes insignifiants, incapables, indignes et que la vie est injuste et que le monde est un endroit dur et exigeant, alors des pensées négatives et anxieuses suivront. Ces pensées pourraient expliquer pourquoi vous avez les compulsions que vous avez.

La TCC vous aide à prendre conscience des pensées négatives que vous avez, ainsi que des croyances fondamentales qui les façonnent afin que vous puissiez travailler pour les changer. Changer les pensées négatives en pensées positives peut avoir un impact significatif sur la diminution de l'anxiété et du stress et vous aider à vivre une vie heureuse, significative et utile. En diminuant le stress, vous pourrez peut-être simultanément diminuer les pensées compulsives qui vous tourmentent. Il a été démontré que la TCC réduisait les compulsions jusqu'à 70%. Imaginez combien de votre vie vous pourriez récupérer si vous aviez 70% moins de compulsions.

La TCC n'est pas le seul type de conseil qui peut aider les personnes atteintes de TOC. Il existe aussi la TCD, ou thérapie comportementale dialectique, qui fonctionne sous un modèle très similaire au modèle TCC. En plus de vous aider à changer vos croyances fondamentales, le TCD vous aide à acquérir des outils pour faire face à certaines des difficultés que vous pourriez rencontrer, en particulier vos déclencheurs.

Aller chez un conseiller peut être effrayant et intimidant. Si vous vous inquiétez de ce que les autres vont penser, n'oubliez pas que vous n'êtes pas obligé de le faire savoir à qui que ce soit. La pensée de s'ouvrir à quelqu'un que vous ne connaissez pas toutes vos peurs et angoisses peut en elle-même être très angoissante. Gardez à l'esprit que les conseillers ont été formés à la conduite de la TCC, du TCD et d'autres formes de thérapie. Ils passent par un processus rigoureux pour obtenir une licence. Ils reçoivent également une formation continue afin d'être au courant des dernières recherches et approches.

Certains conseillers ont différentes spécialités, telles que le counseling en deuil ou la gestion de la colère. Recherchez un thérapeute spécialement formé dans le traitement des TOC. Il ou elle aura probablement à la fois une formation et de l'expérience pour aider des personnes comme vous à se libérer de leurs compulsions.

10 Ne juger pas

Si vous souffrez de TOC, il y a de fortes chances que vous vous blâmiez pour quelque chose qui pourrait arriver à l'avenir. Vous vous jugez probablement. Très durement. Beaucoup. Cependant, une partie de la pleine conscience consiste à accepter votre réalité actuelle sans porter de jugement, ni sur vous-même, ni sur les autres, ni sur les choses qui se passent. Cela signifie que quoi qu'il arrive, vous ne vous blâmez pas vous-même ou les gens autour de vous. Oui, vous auriez peut-être pu faire les choses différemment et voir des résultats différents. Cependant, vous devez reconnaître que vous n'êtes pas un problème.

Pardonnez-vous. Vous n'êtes pas parfait, et ce n'est pas grave. Vous avez probablement commis des erreurs, dont certaines sont assez importantes. Vous avez probablement blessé d'autres personnes et également vous-même blessé. Devine quoi? Tout le monde sur la planète aussi. Au lieu d'être dur et de vous juger, vous devez vous pardonner de ne pas être parfait. Cela signifie que vous vous acceptez tel que vous êtes, votre TOC, et tout. Bien que vous souhaitiez certainement minimiser les erreurs que vous faites, vous devez reconnaître que tout le monde fait des erreurs. Bien que certaines erreurs ne soient vraiment pas correctes, et peut-être que vous en avez fait d'autres qui ne sont pas correctes, vous êtes bien comme vous êtes. Vous n'avez pas besoin de changer. Aimez-vous tel que vous êtes.

Pardonne aux autres. Celui-ci est plus facile à dire qu'à faire car si vous êtes comme tout le monde sur la planète, vous avez probablement été gravement blessé par les gens autour de vous. Vous pouvez penser que vous ne pouvez plus jamais faire confiance à une autre personne. Quelque chose que quelqu'un d'autre vous a faite peut-être la raison pour laquelle vous souffrez d'anxiété et de TOC. Cependant, le pardon est le seul moyen de se libérer de ce qui s'est passé. Une personne sage a dit que le pardon consiste à libérer un prisonnier et à découvrir ensuite que le prisonnier était vous.

Pardonner à quelqu'un ne signifie pas que vous minimisez ou oubliez ce que cette personne a fait. Cela signifie que vous regardez fixement la réalité de ce qui s'est passé, que vous le reconnaissez pleinement, puis que vous rompez les liens avec elle. Le processus n'est pas simple. C'est en fait une chose très, très difficile à faire. Vous n'êtes peut-être pas prêt à pardonner, mais êtes-vous prêt à être prêt à pardonner. Vous libérer de toutes les rancunes que vous avez envers votre ennemi, votre vie et même envers vous-même vous procurera une paix durable. Un membre du clergé religieux, un thérapeute ou un ami de confiance peut vous aider à pardonner ceux qui vous ont blessé. Séparez-vous de votre TOC. Vous n'êtes pas votre TOC. C'est quelque chose que vous devez affronter. Vous devez apprendre à y faire face, et vous apprenez à y faire face parce que vous avez lu jusqu'ici dans ce livre. Cependant, cela ne vous définit pas. Cela ne fait pas de vous la personne merveilleuse que vous êtes.

11 Laisser tomber et amusez-vous

Alors que pour certaines personnes s'amusent, c'est l'air qu'elles respirent, pour de nombreuses personnes atteintes de TOC, cela peut en fait être un défi. Après tout, comment êtes-vous censé arrêter de vous soucier des boutons du four ou de la porte d'entrée? Que devez-vous faire lorsque des pensées anxieuses et répétitives surviennent? Et si les gens découvrent que vous êtes fou?

Calmez-vous. Vous n'êtes pas fou. Cependant, si vous souffrez de trouble obsessionnel-compulsif depuis un certain temps, votre cerveau est probablement câblé de telle sorte que vous amusez peut être un défi. Il est difficile de se détendre lorsque vous avez une anxiété intense et que vous vous inquiétez constamment.

Cependant, sortir et s'amuser peut être un outil puissant pour gérer votre anxiété. Peut-être avez-vous l'impression que vous n'avez pas le droit de s'amuser ou que vous êtes condamné à être misérable. Et qui es-tu pour jouer avec le destin? Parfois, sortir de la maison est une réussite. Bien que ce soit probablement difficile au début, votre cerveau libérera les hormones qui vous rendront naturellement heureux et bannira une partie de votre anxiété.

Si vous trouvez que vous avez trop hâte de quitter la maison, pensez à faire venir quelqu'un pour une visite. Vous pouvez dîner ensemble et regarder un film. Vous pouvez vous demander si l'autre personne s'amusera ou non. Si tel est le cas, laissez l'autre personne choisir quel film regarder et / ou quoi manger. Soyez gentil avec vous-même et n'essayez pas de faire plus que vous ne le pouvez.

Avant de sortir ou de faire venir quelqu'un, vous devrez peut-être vous préparer en pratiquant un peu de pleine conscience. Commencez par faire des exercices de respiration profonde. Méditez pour vous aider à bannir vos pensées anxieuses et à les remplacer par des pensées positives. Après tout, vous allez vraiment passer un bon moment et vous amuser! Vous sentez-vous stressé à l'idée de sortir? Écrivez dans votre journal ce que vous ressentez. Et les sorties vous stressent-elles? Pourquoi pensez-vous avoir ce déclencheur? Que pouvez-vous faire pour aider à libérer l'anxiété afin que vous puissiez vous amuser le plus possible?

Pour ceux qui sont conscients d'eux-mêmes, sortir et s'amuser peut en fait être la quintessence de la pleine conscience. Vous expérimentez intentionnellement des choses que vous aimez et vous donnez du plaisir. Vous savourez l'expérience du plaisir en appréciant chaque instant, toutes les personnes avec qui vous êtes, ce que vous faites et l'occasion de vous amuser. Si vous avez un trouble obsessionnel-compulsif et que vous travaillez à être conscient, vous pouvez créer intentionnellement des souvenirs sur lesquels vous pouvez vous remémorer et revivre dans votre esprit lorsque vous vous sentez particulièrement stressé ou anxieux.

CONCLUSION

La pleine conscience est pour tout le monde. Cela nous permet de ralentir et de vivre réellement nos vies plutôt que de les parcourir à une vitesse énorme. Cela nous empêche de nous juger et de juger les gens autour de nous et nous aide à accepter les choses telles qu'elles sont. Vous connaissez probablement beaucoup de gens qui peuvent bénéficier de ce genre de perspectives.

Pour les personnes atteintes de TOC, la pleine conscience présente des avantages particuliers qui peuvent en fait réduire les symptômes et les compulsions et les aider à vivre une vie plus significative et plus satisfaisante. Si vous avez un trouble obsessionnel-compulsif, vous pouvez suivre les directives de pleine conscience ci-dessus pour vous aider à réduire votre anxiété et à trouver un soulagement de vos compulsions. La pleine conscience semble être une chose assez facile.

Si facile que l'on pourrait penser que c'est insensé! Cependant, rien ne pourrait être plus éloigné de la vérité. Il est difficile de se discipliner pour respirer profondément. Méditer est difficile. Cela signifie que vous concentrez délibérément votre attention sur les pensées négatives qui remplissent probablement votre esprit presque chaque minute de chaque jour. La journalisation est relaxante et curative, mais personne n'a dit que c'était facile. Ralentir votre vie bien remplie, en particulier lorsque vous l'avez remplie d'activité pour éviter votre douleur et votre anxiété, est difficile.

Éteindre votre téléphone portable est difficile. Et pardonner aux gens qui vous ont fait du mal, vraiment faire face à la douleur que vous avez éprouvée et renoncer à votre droit de juger la personne qui vous l'a infligée, il n'y a rien de facile à ce sujet. Ce sont toutes des habitudes que vous devez former intentionnellement. Ils ne se produisent pas simplement.

Vous devrez peut-être trouver un thérapeute professionnel pour vous guider tout au long du processus de prise de conscience et de diminution de vos symptômes de TOC. Vous voudrez probablement aussi trouver des personnes, comme des amis et des membres de votre famille, qui peuvent vous soutenir. Ils voudront peut-être participer à votre voyage vers la pleine conscience et vous pourrez vous tenir mutuellement responsables de la pratique des techniques de pleine conscience tous les jours. Le voyage sera dur. Cependant, les résultats finaux en valent bien la peine. Vous serez libéré de plusieurs de vos compulsions et pourrez retrouver votre vie.

Budget Minimaliste En Français/ Minimalist budget In French :

Stratégies simples pour économiser plus et devenir solide financièrement.

Introduction

Je tiens à vous remercier et à vous féliciter d'avoir téléchargé ce livre!

Ce livre contient des étapes et des stratégies éprouvées pour épargner davantage et devenir solide financièrement. Faites-vous partie de ces personnes qui ne peuvent pas quitter un centre commercial ou une boutique en ligne sans rien acheter? Vous trouvez-vous à court d'argent bien avant votre prochain chèque de paie? Votre budget vous semble-t-il si étiré, mais il vous manque encore tant de choses? Si vous avez répondu oui à toutes ces questions et que vous cherchez des moyens de prolonger la durée de votre chèque de paie, la solution est d'adopter le concept d'un budget minimaliste. Ce concept vous aidera à comprendre les raisons pour lesquelles vous dépensez, vous donnera des idées sur la façon de freiner vos tendances d'achat impulsif et vous fera économiser de l'argent. Cela vous montrera à quel point votre vie peut devenir meilleure même sans dépenser beaucoup d'argent. Vous obtiendrez également des conseils pour économiser davantage et améliorer vos habitudes de consommation. Ce livre vous aidera à mieux maîtriser votre argent et vos finances et vous montrera des nombreux conseils pour économiser de l'argent qui vous aideront à économiser plus et à dépenser moins. Si vous êtes prêt à commencer à économiser, passez à la page suivante et voyez ce qui vous attend.

Merci encore d'avoir téléchargé ce livre, j'espère que vous l'apprécierez!

Chapitre 1 - La psychologie des achats

Il y a de nombreuses raisons pour lesquelles les gens achètent des choses, mais la psychologie vous dira qu'il existe 4 comportements psychologiques de base qui vous aident à comprendre pourquoi vous achetez ce que vous achetez. Selon les psychologues, ces quatre facteurs prédisent également les choses que vous achèterez à l'avenir.

Facteur # 1 - Satisfaction des besoins

C'est la raison la plus fondamentale pour laquelle les gens achètent des choses - en raison d'un besoin qu'ils doivent satisfaire. La plupart des choses que les gens achètent sont achetées parce qu'il y a un besoin intrinsèque auquel elles doivent répondre. Les besoins peuvent être classés comme élémentaires ou complexes.

Les besoins de base sont ceux qui répondent à vos besoins de base. Ces exigences de base sont souvent associées à des besoins physiques. Les choses dont votre corps a besoin pour fonctionner normalement sont appelées besoins de base. Des exemples de besoins de base sont la nourriture, l'eau et un refuge.

Les besoins complexes sont ceux qui répondent à vos besoins émotionnels, spirituels et autres formes de besoins non physiques. Cela peut inclure le fait d'avoir des amis, d'appartenir à un groupe ou de se livrer à un passe-temps qui vous détend. Les besoins complexes se chevauchent parfois avec les autres besoins raisons psychologiques pour lesquelles les gens achètent des choses.

Facteur # 2 - Attention et perception

Ce facteur psychologique dans l'achat est la chose sur laquelle les annonceurs et les équipes marketing ont une influence. Ces deux éléments vont de pair car la perception dépend souvent de l'attention.

L'objectif d'un annonceur est d'attirer l'attention des clients suffisamment longtemps pour qu'ils puissent se faire une idée du produit qu'ils vendent. La perception peut être favorable ou non. L'objectif est toujours d'en créer un favorable afin que les gens veuillent acheter le produit.

Pour capter l'attention de l'acheteur, les annonceurs veillent à ce que leur publicité soit accrocheuse, pleine d'esprit et vraiment attirante. Certains annonceurs utilisent des effets spéciaux, des idées inhabituelles et des gadgets justes pour amener l'acheteur à regarder son produit ou à lui faire prendre conscience qu'un tel produit existe.

Une fois l'attention de l'acheteur attirée, il peut se faire une idée du type de produit vendu. S'il constate que le produit lui fait du bien ou répond à ses besoins, l'acheteur achètera le plus souvent cet article. S'il ne pense pas que l'article ne lui sera d'aucune utilité ou s'il n'aime pas le message envoyé par la publicité, l'acheteur ne voudra probablement pas acheter ce produit.

La plupart des annonceurs savent que la perception peut être modifiée. C'est pourquoi ils utilisent une tactique appelée répétition et distorsion.

La répétition, c'est quand ils continuent à montrer le produit dans différents canaux où un acheteur sera le plus susceptible de le voir. Ces chaînes comprennent la télévision, la presse écrite et en ligne. Plus une personne voit ces publicités répétitives, plus les produits lui tiennent à l'esprit. Cela leur permet de se souvenir plus facilement du message marketing lorsqu'ils sont confrontés à ce produit dans un supermarché par exemple. La familiarité rend une personne plus tentée de l'acheter.

La distorsion est une forme de manipulation de la perception de la personne pour rendre le produit plus favorable aux yeux de l'acheteur. Un bon exemple de distorsion est de donner une belle apparence à quelque chose qui est souvent perçu comme une mauvaise chose. Une arme à feu, par exemple, est quelque chose que les gens associeraient à la mort ou en tant qu'armes pouvant nuire aux gens. Mais les fabricants d'armes à feu le commercialiseraient comme une forme de protection ou quelque chose qui peut protéger les personnes que vous aimez.

Facteur # 3 – la connaissance et le conditionnement

Pour acheter un produit, la plupart des gens feront leurs recherches sur ce produit en particulier. Cela est vrai pour les articles que la personne n'a jamais utilisés auparavant ou les articles qui sont chers. Une personne moyenne trouvera tout ce qu'il peut sur le produit avant de faire cet achat.

Certaines personnes sont influencées par les connaissances sur le produit fournies par d'autres personnes. Si la connaissance du produit n'est pas bonne, le travail d'un annonceur consiste à conditionner la personne à changer sa perception en lui présentant un ensemble différent de connaissances qui l'intéressera avant de pouvoir être convaincu d'acheter le produit.

Les connaissances et les enseignements tirés de l'expérience d'autrui influencent également la manière dont les gens achètent des choses. C'est la raison pour laquelle les gens se tournent vers les critiques, le déballage, les échantillons et les promotions à essayer avant d'acheter ce que disent les annonceurs. Les avis montrent à l'acheteur une véritable rencontre avec le produit sans acheter le produit.

Facteur # 4 - Croyances, cultures et attitudes

L'ensemble des croyances, cultures et attitudes d'une personne est un facteur important dans la psychologie de l'achat. Une personne peut être incitée à acheter quelque chose parce que c'est quelque chose qui a été inculqué dans son système avant même d'avoir formé sa perception d'un produit particulier. C'est quelque chose qui est devenu une habitude et une chose permanente dans la vie d'une personne.

Un bon exemple de ceci est lorsqu'une personne n'achète pas de porc parce que sa croyance veut que le porc soit un animal associé à un charognard qui mange la saleté et la boue. Les personnes ayant cette croyance apprennent tôt dans leur vie que le porc est sale, donc elles l'évitent à tout prix.

Ce ne sont là que quelques-uns des facteurs psychologiques les plus courants qui peuvent expliquer pourquoi les gens achètent ou n'achètent pas un article en particulier. Il y a plus de raisons qui sont souvent beaucoup plus complexes que ces quatre. Ces raisons complexes sont souvent des combinaisons de ces quatre influenceurs de base.

Chapitre 2 - Comment ignorer les publicités

Les publicités sont créées principalement pour donner aux clients une idée des produits disponibles sur le marché et pour les inciter à acheter ces produits. Ils seraient diffusés à la télévision, dans la presse écrite et sur Internet. Les grandes entreprises paient le prix fort pour obtenir le meilleur créneau horaire à la télévision ou sur le panneau d'affichage le long des routes les plus fréquentées. Ils versent également d'énormes sommes d'argent sur les équipes marketing et les créatifs afin de devancer la concurrence.

À moins de vivre sous un rocher, vous ne pouvez pas vraiment échapper à la publicité. Il provient de tellement de chaînes différentes qu'il est difficile de les bloquer complètement. Mais il existe un moyen pour les ignorer. Certains des moyens les plus efficaces sont détaillés ici:

1. Réduisez votre exposition - La télévision et Internet sont parmi les endroits les plus courants où la publicité prospère. Réduisez votre exposition à ces canaux et vous diminuez votre exposition aux publicités. Lorsque vous regardez la télévision, par exemple, vous pouvez essayer de vous lever et de faire d'autres choses pendant les pauses publicitaires au lieu de vous asseoir à travers les publicités et de les regarder sans réfléchir. Regarder les publicités rend les produits répétitifs et faciles à rappeler pour vous rendre plus vulnérable aux achats impulsifs.

2. Vous pouvez utiliser des pauses publicitaires pour aller aux toilettes, faire des redressements assis, parler avec la personne à côté de laquelle vous êtes assis ou

consulter vos courriels. Mettez le téléviseur en sourdine pendant que les publicités sont allumées pour vous assurer de ne rien entendre.

3. Logiciel de blocage des publicités - si vous devez utiliser Internet (comme presque tout le monde), vous pouvez trouver un bon logiciel de blocage des publicités capable de filtrer les publicités afin que vous n'ayez pas à les voir ou à les voir aussi souvent. Ces logiciels ont souvent un prix. Choisissez celui qui correspondra à vos besoins et à votre budget.

4. Utilisez les services d'abonnement - Certains services d'abonnement tels que Netflix vous permettent de regarder la télévision sans que les publicités ne vous interrompent toutes les 10 secondes. Vous devrez payer pour ces services sur une base mensuelle, mais vous pouvez être assuré que vous n'avez pas besoin de voir une annonce pendant que vous profitez de votre émission.

5. Augmentez vos connaissances - plus vous en savez sur un produit, moins vous êtes susceptible de reconnaître les promos et les gadgets que d'autres publicités défilent. Vous pouvez mieux ignorer une publicité si vous connaissez un produit de fond en comble. Connaître les tenants et les aboutissants de vos produits préférés vous rend moins susceptible d'acheter un nouveau produit simplement parce qu'il porte les mots NOUVEAU et AMÉLIORÉ estampillé devant son emballage.

6. Évitez le lèche-vitrines - pour certains, cela peut être difficile à faire. Mais éviter complètement le centre commercial ou la boutique en ligne est l'un des meilleurs moyens d'ignorer les publicités. Au lieu de faire du lèche-

vitrine, utilisez votre temps pour des activités plus productives mais tout aussi agréables. Écrivez dans votre journal, faites du jogging, lisez un livre ou adoptez un nouveau passe-temps.

7. Apprenez à être satisfait de ce que vous avez - L'une des raisons pour lesquelles les publicités fonctionnent est qu'elles essaient toujours de convaincre les clients qu'ils ont besoin de ce produit particulier dans leur vie afin de mieux vivre. Mais lorsqu'une personne est satisfaite de ce qu'elle a, elle devient moins encline à acheter ce produit. Si votre téléphone fonctionne toujours et remplit sa fonction, par exemple, et que vous êtes satisfait de ses performances, vous ne penserez pas à le remplacer dès la sortie du nouveau modèle. Vous ne voudrez pas autant des nouvelles fonctionnalités parce que vous êtes satisfait de votre téléphone.

8. Soyez vigilant - méfiez-vous des publicités qui offrent des remèdes miracles et des revendications incroyables. Ces publicités sont souvent présentées sous forme d'info-publicités. Bien que leurs revendications frisent l'impossible, toutes les informations, les résultats de recherche, les opinions d'experts et les témoignages qu'ils mettent dans leurs info-publicités convainquent les consommateurs de l'efficacité de leur produit. Méfiez-vous de ces tactiques et ne tombez pas immédiatement dans ces fausses publicités.

9. Débarrassez-vous de la tentation - Ne prenez pas de prospectus distribués dans les centres commerciaux, débarrassez-vous du spam et du courrier indésirable, et ne vous abonnez pas à la newsletter ou aux alertes textuelles. Ceux-ci vous en disent plus sur les nouveaux produits sur lesquels vous pouvez dépenser. Moins vous

en savez, mieux vous serez à ne rien acheter. De plus, si vous avez vraiment besoin de quelque chose, vous irez certainement le chercher. Vous n'avez pas à céder aux commerçants lorsqu'ils vous disent que vous avez besoin de leurs produits.

Vous pouvez avoir du mal à faire ces choses au début, surtout si vos habitudes incluent les activités que vous devez éviter, c'est-à-dire regarder la télévision sans réfléchir. Mais avec de la pratique et une bonne dose de volonté, vous pouvez devenir un expert en ignorant les publicités. Continuez à pratiquer et bientôt cela deviendra une seconde nature pour vous de ne plus vous remarquer en train de le faire.

Chapitre 3 - Comment surmonter les habitudes de dépenses excessives

Les dépenses compulsives telles que définies par de nombreux experts en psychologie sont un comportement humain dans lequel une personne consacrerait énormément de temps et d'efforts à acheter des choses à un point tel que cela tendrait ou altérerait sa vie et ses relations.

Cette manière de dépenser est considérée comme un problème psychologique qui nécessite souvent l'intervention et l'aide de thérapeutes qualifiés. Elle est parfois considérée comme une forme de dépendance car une personne ressent un effet naturel à chaque fois qu'elle acquiert un objet. Cette hauteur peut créer une dépendance au point qu'une personne perd de l'argent et des biens et rompt ses relations.

L'effet le plus courant des achats compulsifs chez certaines personnes est le sentiment de bonheur. Les consommateurs compulsifs se sentent heureux chaque fois qu'ils achètent quelque chose. Mais ils le regrettent instantanément, car cela les conduit généralement à s'endetter. Ils ont tendance à acheter des choses chaque fois qu'ils sont déprimés ou tristes pour les rendre heureux. Leurs habitudes d'achat deviennent incontrôlables et entraînent parfois des désaccords et des discordes entre eux et les personnes qu'ils aiment. Des fractures commencent à se former jusqu'à ce que les familles soient séparées à cause de cette dépendance.

Pour vous aider à surmonter vos habitudes de dépenses compulsives, voici quelques-uns des moyens les plus efficaces.

Coupez vos cartes de crédit - certaines personnes ne considèrent pas les cartes de crédit comme dangereuses, car elles ne voient pas d'argent réel échangé entre elles et le magasin de détail. Cela vous donne l'illusion que vous ne dépensez pas vraiment d'argent. Vous devenez plus confiant dans vos dépenses car vous constatez que vous avez toujours un solde sur votre compte bancaire. Mais lorsque la facture arrivera, vous vous rendrez compte que vous avez plus d'achats que d'argent en banque.

La meilleure façon de vous assurer de ne pas dépenser inutilement, vous devez savoir où va votre argent. Il est préférable que vous dépensiez en espèces. Lorsque vous verrez votre argent diminuer, vous serez moins susceptible de continuer à acheter.

Apportez les montants exacts - vous savez combien sont les tarifs des bus. Votre argent pour le déjeuner ou votre allocation alimentaire pour la journée doit également être budgété afin que vous connaissiez votre limite. N'apportez que beaucoup d'argent pour la journée pour ne pas être tenté d'acheter quelque chose pendant que vous naviguez le long du centre commercial. Si vous craignez d'être pris en cas d'urgence, vous pouvez apporter suffisamment d'argent pour vous ramener à la maison, mais assurez-vous qu'il ne soit pas dans la même poche ou le même portefeuille que votre argent de poche afin de ne pas le dépenser «accidentellement». Utilisez-le uniquement pour les urgences réelles.

Suivez les choses que vous achetez - lorsque vous suivez les choses que vous achetez, vous êtes moins susceptible d'acheter des choses en double. Cela vous aide également à devenir plus conscient de vos dépenses. Le suivi de vos dépenses vous aidera à comprendre où va votre argent. Faites une liste à l'aide d'une application ou de la fonction de note de votre téléphone pour vous faciliter la tâche.

Attendre avant d'acheter - Achetez un article seulement après avoir attendu un certain temps. Environ 30 à 60 minutes est une bonne période d'attente. Lorsque vous voyez un article que vous voulez vraiment acheter, votre corps s'excite et la logique s'envole souvent. Calmez-vous et éloignez-vous de cet objet. Si, après un certain temps, vous ne pouvez toujours pas oublier cet article ou penser que vous en avez encore besoin, c'est le moment de l'acheter. Il y a de fortes chances qu'une fois que vous vous êtes éloigné, votre cerveau ait vu la logique et que vous réalisiez que vous n'avez pas besoin d'une autre chemise rose car vous en avez déjà 10 à la maison.

Utilisez une liste et tenez-vous-y - Le supermarché est un piège de choix pour les achats impulsifs. Avec autant d'articles qui se disputent votre attention, il est si difficile de ne pas céder et de les retirer des étagères et de les mettre dans votre panier. Mais si vous avez une liste et que vous connaissez les endroits exacts pour trouver les articles de votre liste, vous êtes moins susceptible de vous promener dans les allées de produits alimentaires et d'épicerie.

Obtenez l'aide d'un ami - Trouvez des personnes dont la volonté est plus forte que la vôtre et amenez-les avec vous lors de vos achats. Ils vous aideront à vous rappeler votre politique de non-achat. Assurez-vous simplement de respecter leurs rappels, sinon il est inutile de les amener si vous comptez simplement ignorer leurs conseils.

Faites autre chose chaque fois que vous avez envie de faire du shopping - Faites une promenade, faites de l'exercice, continuez votre passe-temps ou dormez. Tenez-vous occupé pour ne pas penser à faire du shopping.

La clé pour surmonter vos dépenses compulsives est la maîtrise de soi et la conscience de soi. Une fois que vous avez le contrôle de vos pulsions et que vous êtes en mesure de les canaliser vers de meilleures activités, vous êtes moins susceptible de céder à l'appel de la thérapie de détail.

Chapitre 4 - Augmentez votre confiance en vous grâce à la budgétisation

La budgétisation est une pratique séculaire dans laquelle les gens allouent des fonds pour des choses qu'ils doivent acheter ou faire des économies. Les gens qui budgétisent leur argent planifieraient comment l'argent sera dépensé afin que toutes les factures soient prises en charge et que les besoins soient satisfaits. C'est ici que vous prenez en considération vos revenus et les associez aux choses dont vous avez besoin pour vivre une vie confortable.

Pour certaines personnes, la budgétisation est difficile surtout lorsque leurs moyens ou sources de revenus sont limités. Mais avec une budgétisation minimaliste, un budget est toujours possible, quel que soit le montant de vos revenus.

Qu'est-ce qu'un budget minimaliste?

Un minimaliste, vaguement défini, est quelqu'un qui n'utilise que quelques objets dans sa vie et qui ne ressent pas le besoin de le remplir de choses matérielles. Vous verrez parfois des minimalistes vivre avec moins de 100 articles et se sentir heureux malgré le fait de ne pas avoir ce que les autres considèrent comme un luxe dans la vie.

Un budget minimaliste est quelque chose de similaire. Les personnes qui sont des experts de ce type de budget sont pour la plupart minimalistes par nature. Ils gardent les choses simples pour ne pas avoir à dépenser autant. Ils accordent plus d'importance à la qualité qu'à la quantité afin que leurs biens matériels durent plus longtemps que la plupart des articles dans le placard d'une personne ordinaire. Ils sont plus exigeants et se soucient davantage de la durabilité et de la longévité que de la popularité et de l'esthétique.

Les budgets minimalistes ne signifient pas toujours que vous devez dépenser moins. La plupart des articles achetés par les minimalistes sont de haute qualité, ils peuvent donc parfois être plus chers au début, mais ils seront également rentables à la fin. L'achat d'un produit de haute qualité signifie qu'ils n'ont pas à remplacer le produit pendant une longue période, car il est plus durable et plus durable.

Améliorez votre confiance en vous dans la budgétisation avec ces conseils

Pour vraiment créer un budget minimaliste et améliorer votre confiance en vous grâce à la budgétisation, vous pouvez essayer ces idées simples. Celles-ci vous aideront à gérer vos dépenses sans vous donner l'impression de perdre. Ceux-ci vous aideront également à passer à un budget minimaliste à part entière:

1. **Découvrez où va votre argent** - la première chose à faire est de répertorier vos dépenses. La liste de vos dépenses vous aidera à identifier vos pièges à dépenses. Est-ce des vêtements? Le café de votre café local est-il trop cher? Une fois que vous saurez où se trouvent vos pièges à argent, vous pourrez les éviter consciemment. Si vous devez avoir un budget pour ces dépenses, vous pouvez mettre un plafond ou une limite au montant que vous dépensez.

2. Attribuez d'abord les montants aux articles les plus importants - faites la liste des choses qui doivent être payées et de leur date d'échéance. Mettez de côté l'argent

pour ces dépenses dès que vous obtenez votre revenu. Assurez-vous de ne pas toucher cet argent pour d'autres choses.

3.   Certaines personnes utilisent la méthode des enveloppes où elles placent l'argent dans des enveloppes différentes. Lorsqu'il est temps de payer ces dépenses, ils sortent simplement cette enveloppe particulière tandis que le reste restera intact.

4.   Sollicitez l'aide de tous les membres de votre foyer - si vous êtes le seul à faire le budget alors que le reste de votre famille est des misérables, vous finirez par être frustré et irrité envers tout le monde autour de vous. La création d'un budget minimaliste implique les contributions et la coopération des personnes autour de vous. Vous devez leur faire comprendre la raison de votre budget afin qu'ils ne se sentent pas démunis.

5.   Comparez les marques et les offres - lorsque vous achetez des articles coûteux, ne vous contentez pas de saisir la première opportunité ou la première offre qui se présente à vous. Découvrez les meilleures offres disponibles avant de vous lancer. Vérifiez également le plan de paiement afin de ne pas être surpris par le montant que vous devez débourser pour payer l'acompte ou le solde.

6.   En achetant des voitures par exemple, vous devez savoir combien de temps sont les garanties, quelles sont les inclusions lors de l'achat et les autres détails importants. Tenez compte des paiements mensuels dans votre budget et voyez si vous devez faire des réductions pour que cela fonctionne. N'achetez pas simplement parce que

les acomptes sont faibles. Vous pourriez finir par payer plus en versements mensuels.

7. Allouez un montant aux économies - avoir un pécule que vous ne touchez jamais est quelque chose qui peut vous procurer un sentiment de sécurité et de sûreté. Il est important de prévoir des économies pour les jours de pluie ou lorsque vous êtes confronté à des situations difficiles nécessitant de l'argent, vous êtes couvert. La règle générale est d'allouer 20% de vos revenus à l'épargne mais vous pouvez en rajouter si vous le pouvez.

8. Sachez ce qui est disponible - certaines personnes font du shopping pour acheter quelque chose pour constater qu'elles l'ont déjà à la maison. Ils finissent par avoir des multiples des mêmes produits. Lorsque vous savez ce que vous avez et ce que vous n'avez pas, il est peu probable que vous fassiez du shopping simplement parce que vous ne le trouvez pas.

9. Budget pour les accessoires - Les urgences ou les incidents peuvent inclure une panne de voiture et une maladie ou une invalidité. Ces instances ne sont souvent pas sous votre contrôle mais affecteront votre vie de manière considérable. Incluez ces éléments dans votre budget afin que vos revenus ou vos économies ne prennent pas un grand coup au cas où vous rencontriez de tels cas.

La budgétisation devient plus facile à mesure que vous la pratiquez. Prenez l'habitude de budgétiser au lieu de faire du shopping sans plan. Les budgets peuvent sembler contraignants pour certains, mais lorsque vous vous y habituerez, vous verrez que c'est toujours plus économique

que d'acheter sans réfléchir. Avec suffisamment de pratique, vous pouvez devenir confiant dans vos capacités de budgétisation et éventuellement freiner vos tendances de dépenses insensées.

Chapitre 5 - Améliorez vos habitudes de dépenses

Maintenant que vous savez comment budgéter, il est temps de vous concentrer sur vos habitudes de dépenses. Vos habitudes de dépenses définissent la façon dont vous utilisez votre argent. Les mauvaises habitudes de dépenses se caractérisent par des achats impulsifs, des regrets des acheteurs et une dette accrue. De bonnes habitudes de dépenses, par contre, vous aident à vous sortir des dettes, vous donnent une liberté financière et vous font vous sentir en sécurité dans votre avenir.

Pour améliorer vos habitudes de consommation, vous devez savoir ce qui les déclenche. Pour certaines personnes, elles dépensent plus lorsqu'elles se sentent tristes ou déprimées. Les autres ont envie de dépenser quand ils sont heureux. Encore une fois, ce facteur d'humeur me vient à l'esprit. Ce n'est pas la bonne voie à suivre.

Faire du shopping lorsque vous êtes déprimé, triste ou émotif vous permettra de dépenser plus facilement. Votre esprit pensera que vous avez passé une très mauvaise journée et que vous avez besoin de quelque chose de nouveau pour vous garder heureux. Ce n'est qu'un bonheur temporaire. Vous vous sentirez élevé sur votre achat, mais vous ressentirez bientôt les remords de l'acheteur, surtout lorsque vous vous rendrez compte que vous ne pouvez pas vous permettre de payer cet article. Vous aurez également l'impression de vous noyer dans les dettes, ce qui prolongera le cycle de la dépression.

Lorsque vous vous sentez triste, vous devez éviter d'aller dans les centres commerciaux ou dans des endroits où vous dépenserez probablement de l'argent. Optez pour des activités qui vous feront oublier votre tristesse. Des choses comme jouer avec des animaux de compagnie au parc, lire un bon livre ou écrire dans votre journal vous occuperont et vous feront oublier votre tristesse. Ces activités ne sont pas non plus si chères. Vous pouvez également essayer de faire quelque chose de productif. Canalisez votre tristesse sur l'art et la musique et créez des chansons ou des œuvres d'art. Vous pourrez libérer votre tristesse et créer quelque chose de beau en même temps.

Le bonheur est un autre déclencheur des dépenses. Obtenir ce bonus au travail pour un travail bien fait peut vous faire sentir comme un millionnaire unique. Cela vous donne généralement envie de vous faire plaisir et de dépenser des tonnes d'argent pour célébrer votre succès. Bien qu'il n'y ait rien de mal à célébrer les réalisations, il est également important de noter que trop de dépenses épuiseront vos fonds ou votre bonus, vous reviendrez donc à la vie d'un chèque de paie à l'autre. Ne faites pas cette erreur et utilisez tout votre argent en une seule fois. Allouez-les aux bons canaux, c'est-à-dire économisé, dépenses et autres choses importantes avant de les utiliser pour célébrer.

Lorsque vous rencontrez une manne ou une entrée de trésorerie, la meilleure chose à faire pour limiter les dépenses est de prendre du recul et de respirer. L'effet naturel que vous ressentez en recevant de l'argent finira par disparaître et vous vous sentirez plus en contrôle de vos habitudes de dépenses. Vous obtiendrez une perspective plus raisonnable une fois que le frisson initial aura disparu et serez moins susceptible de dépenser.

Le meilleur moment pour faire du shopping est lorsque vous ne ressentez pas beaucoup d'émotions tumultueuses et extrêmes qui peuvent influencer vos habitudes de dépenses. N'achetez que lorsque vous vous sentez équilibré. La plupart des gens suggèrent également de faire du shopping après avoir mangé, car lorsque vous avez faim, vous êtes plus susceptible de dépenser pour des choses pour masquer la sensation de faim.

Une autre façon d'améliorer vos habitudes de consommation est de prendre conscience de vous-même. Vous devez connaître la cause sous-jacente pour laquelle vous dépensez plus que nécessaire. Lorsque vous en connaissez les raisons, vous êtes mieux en mesure d'éviter ces causes afin de ne jamais ressentir le besoin de dépenser plus.

Chapitre 6 - Stratégie d'épargne pour se désendetter

La dette est quelque chose que tout le monde vit à un moment de la vie. Si vous êtes très endetté à cause de vos dépenses et que vous sentez que vous ne serez jamais libéré de vos dettes, ne désespérez pas. Il y a encore un moyen d'en sortir. Pour vous sortir de l'endettement, vous devez avoir la bonne attitude en matière de dépenses et d'épargne.

Lorsque l'attitude d'une personne à l'égard des dépenses est bonne, elle est en mesure de mieux contrôler ses dépenses et de se soustraire à la tentation d'acheter. Les gens qui n'ont pas la bonne attitude vis-à-vis des dépenses, comme ceux qui considèrent les dépenses comme une chose à laquelle ils ont droit, auront tellement de mal à s'empêcher d'acheter même s'il n'a plus d'argent.

L'épargne est l'un des meilleurs moyens de sortir de l'endettement. Mais comment les gens utilisent-ils l'épargne pour y parvenir? N'êtes-vous pas censé tout rembourser avec l'argent dont vous disposez au lieu de le ranger sous forme d'épargne? Voici comment procéder.

L'épargnes, vaguement définies, sont une somme d'argent que vous mettez de côté pour les jours de difficulté. Lorsque votre épargne est supérieure à votre dette, vous vous sentez plus sûr de votre avenir. Pour utiliser l'épargne pour vous sortir de l'endettement, vous devrez mettre régulièrement de côté le même montant ou une plus grande somme d'argent.

Par exemple, si vos revenus sont 1 000 $ par mois et que vous avez une dette de 60 000 $. À partir de votre revenu mensuel, vous attribuez le montant mensuel de vos versements réguliers pour rembourser cette dette. Dans le même temps, mettez de côté une somme d'argent à mettre de côté. Une fois que vous avez accumulé suffisamment d'argent sous forme d'épargne, disons 10 000 $, vous pouvez utiliser ces économies à bon escient en remboursant une grande partie de votre dette. Rembourser autant fera baisser les taux d'intérêt car le montant du principal a encore diminué.

Bien que l'accumulation d'épargne ne soit pas toujours le moyen le plus simple de se désendetter, surtout si vous avez beaucoup de dépenses, c'est toujours l'un des moyens les plus efficaces. Vous devriez essayer d'économiser tout montant d'argent pour l'utiliser plus tard pour effectuer des paiements forfaitaires pour votre dette. Appliquez cette somme forfaitaire aux montants principaux et bientôt vos dettes diminuent considérablement et vous serez libéré de vos dettes plus tôt que prévu.

Chapitre 7 - Guide de gestion de l'argent

La gestion de votre argent consiste à suivre, budgétiser, épargner et investir votre argent. C'est le processus qui décrit ce que vous faites avec l'argent que vous gagnez pour le faire croître et obtenir de plus gros rendements. Pour certaines personnes, la gestion de l'argent est très simple. Ces personnes ont généralement une très bonne connaissance du monde financier. Pour d'autres, la gestion de l'argent pourrait tout aussi bien être une langue étrangère qui doit être déchiffrée à l'aide de la Rosetta Stone.

Pour gérer efficacement votre argent, l'une des choses que vous devez faire est de vivre avec parcimonie. Vivre frugalement signifie que vous ne vivez pas au-dessus de vos moyens. Vous ne dépensez que pour les produits de première nécessité et ne vous adonnez pas trop souvent au luxe. Vous ne gaspillez pas d'argent pour des besoins non essentiels. Pour ce faire, vous devez distinguer quels éléments sont des besoins et lesquels sont des désirs. Dépensez de l'argent uniquement pour ce dont vous avez besoin et oubliez les extras.

Une autre façon pour vous de gérer votre argent est de planifier vos dépenses. Créez un tableau ou un échéancier qui vous indiquera tout de suite les dépenses que vous devez payer et leur échéance. Cela garantit que vous ne manquez jamais un paiement et encourez des pénalités de retard dans le processus. Un planificateur de dépenses vous permet également de voir où va vraiment votre argent et quelles dépenses consomment vraiment une grande partie de votre argent.

Les gestionnaires de fonds experts n'achètent pas un café à 5 dollars quand il peut préparer son propre café à la maison pour moins d'un dollar par petite tasse. C'est une autre façon de gérer votre argent. Soyez assez intelligent pour savoir quand vous pouvez économiser. Les gestionnaires de fonds savent identifier les parties de leurs dépenses dont ils peuvent se passer et les réduire efficacement. Cela se traduit par des économies plus importantes.

Gérez votre argent avec des investissements solides. Cela peut sembler plus facile à dire qu'à faire, mais c'est l'un des moyens les meilleurs et les plus efficaces de faire croître et de gérer votre argent. Lorsque vous investissez votre argent, vous ne le laissez pas simplement rester à la banque sans rien faire. En fait, vous utilisez votre argent pour financer des projets qui vous rapporteront des dividendes et des bénéfices. Une entreprise réussie vous rapportera un revenu supplémentaire sous la forme de taux d'intérêt sur vos fonds.

Chapitre 8 - Sentez-vous en sécurité financière chaque jour

Se sentir chaque jour en sécurité financière signifie que vous n'avez pas à vous soucier de vos finances futures. Peu de gens sont capables de dire qu'ils sont financièrement en sécurité parce qu'ils n'ont pas le sentiment d'en avoir fait assez pour assurer un avenir confortable. Mais ce n'est pas parce que vous ne vous sentez pas en sécurité financièrement maintenant que vous ne le serez jamais. Voici quelques moyens d'atténuer vos soucis de sécurité financière aujourd'hui et à l'avenir:

1. Créez un compte d'épargne solide - sachant que vous avez quelque chose de caché à utiliser en cas d'urgence, vous procure un sentiment de sécurité financière incomparable. Avec un gros compte d'épargne, vous n'aurez pas l'impression de vous retrouver sans ressource lorsque vous vieillirez et deviendrez incapable de travailler pour gagner votre vie.

2. Achetez une assurance - une police d'assurance est un autre filet de sécurité qui vous protège en cas d'énormes pertes d'argent. Certaines polices d'assurance que vous pouvez souscrire comprennent une police d'assurance-vie, une police d'assurance-invalidité et une police de retraite.

3. Investissez judicieusement - les personnes en sécurité financière ne se sentent pas simplement heureuses d'avoir un énorme compte d'épargne. Ils se sentent plus en sécurité lorsqu'ils savent qu'ils ont investi leur argent dans des endroits qui rapportent de plus grandes

récompenses. Ils investissent dans des choses qui s'avèrent être des sources de revenus.

4. Désencombrez et vivez au minimum - les personnes avec tant de choses s'inquiètent de l'entretien et de l'entretien de leurs biens matériels. Ceux-ci les empêchent de se sentir maîtres de leurs dépenses. Pour vous assurer de ne pas dépenser trop, vous devez abandonner les articles non essentiels et vivre avec juste les choses nécessaires. Lorsque vous aurez moins de biens matériels à vous soucier, vous vous sentirez plus en sécurité à-propos de votre avenir.

5. Épargnez, peu importe le montant que vous pouvez - mettre quelque chose dans votre compte d'épargne, aussi petit soit-il, contribuera toujours à votre sécurité financière. Prenez l'habitude de mettre quelque chose dans vos économies.

Conclusion:

Merci encore d'avoir téléchargé ce livre!

J'espère que ce livre a été en mesure de vous aider à comprendre les raisons pour lesquelles vous dépensez, de vous donner des idées sur la façon de freiner vos tendances d'achat impulsif et de vous faire économiser de l'argent. Rappelez-vous, il y a des étapes que vous pouvez faire aujourd'hui afin de vous assurer que vous n'aurez pas à vous soucier de savoir si vous aurez ou non assez d'argent pendant vos années de coucher du soleil. Il suffit d'un peu de discipline pour épargner davantage et de beaucoup de retenue en matière de dépenses.

Aperçu de la pleine conscience

Les 10 meilleurs conseils pour surmonter les obsessions et les compulsions en utilisant la pleine conscience

1 QU'EST-CE QUE LE TOC?

Le trouble obsessionnel-compulsif, communément appelé trouble obsessionnel-compulsif, est un trouble mental dans lequel une personne ressent un besoin constant de nettoyer quelque chose, de répéter certaines routines ou rituels ou d'avoir des schémas de pensée répétitifs. La personne peut se laver les mains à plusieurs reprises, vérifier constamment les boutons du four pour s'assurer qu'ils sont éteints, vérifier constamment les portes pour s'assurer qu'elles sont verrouillées ou compter constamment les choses. Pour beaucoup de ceux qui souffrent de TOC, cela a interféré avec leur vie quotidienne parce que faire face aux compulsions prend une heure ou plus de leur temps chaque jour, et les pensées répétitives associées au trouble les empêchent d'avoir des relations significatives et de s'engager pleinement dans leur vie. Dans les cas extrêmes, les symptômes peuvent être si dommageables que la personne est amenée à envisager ou même à tenter de se suicider.

Bien que la cause du trouble soit inconnue, pour de nombreuses personnes, elle est associée à l'anxiété et au stress. Un grand nombre de personnes qui en sont atteintes ont vécu un événement traumatisant majeur, en particulier la maltraitance des enfants mais aussi des événements comme le décès d'un être cher ou un accident de voiture majeur. D'autres causes peuvent inclure l'infection et la génétique. La moitié de tous les cas de TOC présents avant l'âge de 20 ans et le développement des symptômes après 35 ans est extrêmement rare. Dans le monde entier, environ 1% de la population serait touchée par le TOC chaque année, et environ 2 à 3% de la population est touchée à un moment donné de leur vie.

Les traitements pour le TOC comprennent des médicaments, tels que les inhibiteurs sélectifs de la recapture de la sérotonine, ainsi que la thérapie cognitivo-comportementale (TCC) pour aider les gens à apprendre à gérer les pensées intrusives et répétitives. Une méthode particulièrement efficace pour traiter le TOC est l'apprentissage de la pleine conscience. La pleine conscience est la pratique consistant à être pleinement conscient de ce qui se passe à la fois autour et à l'intérieur de vous afin que vous puissiez distinguer vos propres pensées négatives de ce qui se passe réellement, séparer vos propres sentiments des faits et ne pas ressentir le besoin de traiter chaque pensé que vous aviez comme si vous faisiez face à une menace.

2 RESPIRATION PROFONDE

L'une des méthodes les plus bénéfiques mais les plus négligées pour pratiquer la pleine conscience est de pratiquer des exercices de respiration profonde. Vous n'êtes pas obligé de vous asseoir en position de lotus en fredonnant "ohm", mais si vous vous sentez tellement obligé, alors faites-le. Tout ce que vous avez à faire est de vous asseoir droit (assurez-vous que votre dos est aussi droit que possible), inspirez et expirez. Prenez 10 secondes pour inspirer et 20 secondes pour expirer. Pratiquez cet exercice simple pendant deux minutes par jour.

Les avantages de la respiration profonde sont si immenses qu'il faut se demander pourquoi ce simple exercice est si souvent négligé. Une des raisons est qu'il déclenche naturellement le système nerveux parasympathique, ce qui favorise une réponse de relaxation. Cela provoque en fait une relaxation physiologique de votre corps! De nombreuses maladies, y compris le TOC, sont directement ou indirectement corrélées au stress, et la plupart d'entre nous mènent une vie chargée et stressante. La respiration profonde est un moyen de vous faire ralentir consciemment et de prendre conscience de ce qui se passe à l'intérieur de vous. En étant conscient de ce que vous pensez et ressentez, vous pouvez mieux comprendre ce que sont vos propres pensées, qui peuvent être des distorsions de la réalité, et ce qui se passe réellement autour de vous.

Une des raisons pour lesquelles votre corps commence à se sentir tendu chaque fois que vous vous sentez anxieux est que vous ne respirez pas profondément. Lorsque vous respirez peu profondément, votre corps ne reçoit pas l'oxygène dont il a besoin et est donc incapable d'alimenter correctement vos cellules. Respirer profondément obtient tout l'oxygène dont votre corps a besoin dans chaque partie de celui-ci, permettant à vos muscles contractés de se détendre. Cette réponse est essentielle pour vous aider à contrôler les symptômes du TOC. Vous ne pouvez pas simplement penser à votre sortie du TOC; si vous pouviez, vous auriez probablement trouvé beaucoup de soulagement de vos symptômes maintenant. Votre corps a besoin d'être en phase avec vos pensées; si votre corps est désynchronisé parce qu'il ne dispose pas d'oxygène adéquat, vous ne pourrez pas contrôler les impulsions du TOC. Cependant, avoir un approvisionnement adéquat en oxygène permettra à votre esprit détendu de conjurer certaines impulsions.

Respirez profondément peut même détoxifier votre corps. L'une des principales toxines de votre corps est le dioxyde de carbone;

si vos poumons sont compromis par une respiration superficielle, vous ne pourrez pas l'expulser correctement et il s'accumulera. Se débarrasser des toxines comme le dioxyde de carbone permettra à votre esprit et à votre corps de mieux fonctionner.

Un autre avantage de la respiration profonde est qu'elle peut même soulager la douleur et augmenter le bonheur. C'est parce qu'il stimule la libération d'hormones telles que la sérotonine, «l'hormone du bonheur». La sérotonine atténue naturellement le stress et l'anxiété, donc stimuler sa libération est un moyen idéal pour vous aider à contrôler votre TOC.

Alors, prenez deux minutes maintenant et inspirez profondément pendant 10 secondes. Puis expirez pendant 20 secondes. Refaites-le plusieurs fois. Vous remarquerez que vous commencez à vous sentir calme et détendu après seulement quelques minutes.

3 PRENEZ AVIS DE VOS ENVIRONS

Beaucoup d'entre nous ont des vies bien remplies où nous ne prenons pas le temps de nous arrêter et de sentir les roses et nous ne remarquons même pas qu'il y a des roses! Si nous le faisons, nous ne nous demandons pas s'ils sont rouges, jaunes ou roses, ni à quel point ils sont jolis. Nous ne sommes tout simplement pas conscients de ce qui se passe autour de nous. Une façon de pratiquer la pleine conscience est de s'arrêter et de prendre note de votre environnement.

Regardez autour de vous pendant une minute. Combien de couleurs voyez-vous? Voyez-vous la couleur marron? Dans combien d'endroits voyez-vous du brun? Et le rouge? Rose? Bleu? Quelle est votre couleur préférée? Combien de fois le voyez-vous? Remarquez comment vous venez de ralentir votre cerveau pour qu'il ne soit plus en course. Vous sentez-vous moins anxieux encore, au moins un peu?

Respirez profondément par le nez. Que sentez-vous? Café? Le parfum de votre collègue? Quelque chose de cuisine? Ça sent bon? L'odeur vous rend-elle heureux ou vous rappelle-t-elle des souvenirs? Arrêtez-vous et pensez aux odeurs qui vous entourent. Découvrez-les. Inspirez et expirez profondément. Vous vous sentez plus calme? Bien.

Combien de temps passez-vous à manger votre nourriture? Si vous êtes comme la plupart des gens dans le monde moderne, vous ne passez probablement pas beaucoup de temps à manger. Après tout, vous devez retourner au travail. Il y a tellement de choses à faire en peu de temps! Arrêtez. Ce genre de pensée provoque de l'anxiété et déclenchera des symptômes de TOC. Essayez de passer plus de temps à manger. Prenez le temps de remarquer ce que vous mangez. Quelle est l'odeur de votre nourriture? À quoi cela ressemble-t-il? Prenez chaque bouchée lentement. Ca a quel goût? Quelle est sa texture? Comment les différentes textures que vous mangez interagissent-elles? Aimez-vous les textures? Prenez une gorgée de quelque chose toutes les trois bouchées. Profitez de votre nourriture et vivez-la pleinement.

Qu'est-ce que tu entends? Est-ce une mouche ou un moustique qui bourdonne autour de votre tête? Est-ce que le plafonnier émet un crépitement? Est-ce une conversation en cours dans la cabine suivante? Est-ce le bruit de la pluie? Écoutes-tu de la musique? Prenez une minute et écoutez-le. Non, écoutez-le vraiment. Faites attention. Soyez conscient des sons qui vous entourent et d'où ils viennent.

Êtes-vous assis à un bureau en ce moment? Peut-être êtes-vous assis dehors sur une chaise ou détendez-vous sur le canapé. Prenez une minute et sentez-le. Passez vos mains le long de votre bureau. Qu'est-ce que ça fait?

Vous devriez vous sentir plus conscient de votre environnement maintenant. Être conscient de votre environnement vous aide à séparer vos propres pensées intrusives de ce qui se passe.

4 RALENTIR

Beaucoup de gens sont convaincus qu'ils doivent remplir chaque minute de chaque jour avec une sorte d'activité. En conséquence, leur cerveau ne ralentit jamais et ils ne peuvent jamais entrer dans un état de relaxation. Ils ont même des troubles du sommeil parce que leur cerveau est toujours branché. Être constamment en mouvement peut en fait faire croire à votre cerveau qu'il y a une menace, et votre cerveau a une défense intégrée contre les menaces: la réponse de combat ou de fuite. L'adrénaline et le cortisol sont libérés dans votre corps, alimentant encore plus de stress et vous faisant sentir que vous devez travailler plus dur et en faire plus. Être trop occupé peut en fait déclencher la réaction de votre cerveau comme si vous étiez menacé. Il est en fait très utile de simplement ralentir.

Ralentir signifie que vous ne ressentez pas le besoin de remplir chaque minute de chaque jour avec des activités. Vous pouvez simplement vous laisser faire. Asseyez-vous dehors sur l'herbe et profitez de la sensation que vous ressentez sur vos pieds. Profitez de la façon dont le soleil brille sur votre peau; ressentez pleinement sa chaleur. Allez jouer avec votre chien. Poussez un enfant sur la balançoire. Faites quelque chose que vous aimez plutôt que quelque chose qui semble productif et occupé. Trop souvent, nous sentons que nous devons être occupés pour que la vie ait un sens. Cependant, ce n'est tout simplement pas vrai. Le sens se trouve dans les moments où nous ralentissons et apprécions notre environnement et les gens avec qui nous sommes.

Combien de fois par jour vérifiez-vous votre téléphone? Combien de fois par heure? Combien de temps pouvez-vous passer sans vérifier vos e-mails ou SMS? C'est quelque chose dont il faut être conscient. Vérifier constamment votre téléphone vous distrait de la pleine conscience, car cela fait croire à votre cerveau que si vous n'êtes pas productif, vous perdez du temps. Rangez votre téléphone et allez-vous promener. Le monde peut attendre. Vous devez prendre soin de vous-même et de vos propres besoins.

Qu'est-ce que vous souhaitez de ralentir? Qu'est-ce qui vous fait croire que vous devez être constamment en déplacement? Avez-vous déjà senti que votre esprit s'emballait? Être occupé alimente-t-il des pensées anxieuses?

Maintenant, prenez une heure pour vous détendre et vous laisser aller. Éloignez-vous de l'électronique, y compris la télévision, et connectez-vous avec vous-même et votre environnement. Comment vous sentez-vous? Votre esprit ralentit-il? Qu'arrive-t-il à vos pensées anxieuses?

Essayez de prendre une heure chaque jour pour ralentir et laissez-vous simplement aller. Ne vous laissez pas distraire et submergé par tout ce que vous pensez devoir faire. Arrêtez-vous, et sentez les roses.

5 MÉDITER

Vous avez déjà examiné les avantages de la respiration profonde, de la conscience de votre environnement et du ralentissement. Lier toutes ces choses ensemble est l'art de la méditation. La méditation consiste à permettre à votre esprit de ralentir sa concentration sur quelque chose. Si vous avez déjà été tenu éveillé la nuit par une pensée anxieuse qui ne cesse de tourner dans votre tête et dont vous ne pouvez pas vous éloigner, alors vous méditez en fait sur cette pensée anxieuse. Cependant, ce genre de méditation est négatif. La méditation positive, c'est lorsque vous vous concentrez intentionnellement sur des choses bonnes ou positives et que vous ne vous inquiétez pas des pensées négatives qui tentent d'envahir.

De nombreuses religions ont leurs propres pratiques méditatives conçues pour améliorer la spiritualité de l'individu ou sa connexion avec son propre esprit. La Kabbale, la tradition mystique juive, a des pratiques méditatives conçues pour sortir l'individu de ses propres luttes quotidiennes et dans la connaissance de l'Éternel. Le christianisme a adopté certaines pratiques kabbalistiques, qui sont utilisées par les chrétiens pour méditer sur le Divin. L'Islam, en particulier la branche soufie, a également des pratiques méditatives. Certaines religions, comme l'hindouisme, le sikhisme et le jaïnisme, trouvent que la méditation est si intrinsèque au bien-être spirituel d'un individu qu'elle fait partie intégrante de la vie quotidienne. Si vous vous associez à une religion, un bon point de départ est d'apprendre ce que votre religion dit sur la méditation et comment vous devriez la pratiquer.

Si vous n'êtes pas religieux et que vous n'êtes pas intéressé par ce que ces différentes religions disent sur la méditation, vous pouvez toujours apprendre à méditer. Asseyez-vous droit et fermez les yeux. Gardez votre posture aussi parfaite que possible afin de pouvoir inspirer pleinement et profondément. Inspirez pendant 10 secondes et expirez pendant 20 secondes. Continuez à inspirer et à expirer de cette manière pendant que vous effectuez l'une des opérations suivantes:

1.   Dites-vous des choses positives. Tu es une bonne personne. Vous êtes conscient de votre environnement et vous êtes conscient de ce qui se passe à l'intérieur de vous. Vous pouvez surmonter votre TOC pour qu'il ne domine plus votre vie.

2.   Concentrez-vous sur quelque chose de positif. Cela peut être une image de l'océan, un souvenir d'enfance préféré ou quelque chose de totalement inoffensif, comme un cadre de porte ou de fenêtre.

       Restez dans cet état aussi longtemps que vous le pouvez. Si vous ne pouvez méditer que quelques minutes au début, c'est très bien. Continuez à pratiquer la méditation tous les jours et essayez de rester un peu plus longtemps à chaque fois.

Au début, vous constaterez peut-être que vous êtes distrait par les choses à faire. Si vous essayez de méditer tôt le matin, vous serez peut-être tellement distrait par le besoin de vous rendre au travail à l'heure que vous ne pourrez pas méditer avec succès. Si tel est le cas, essayez de trouver un moment qui vous convient, où vous ne serez pas aussi distrait.

Le but de la méditation est de vider votre esprit de pensées négatives afin qu'il puisse être rempli de positivité. La méditation est en fait un outil puissant qui peut réorienter votre cerveau pour qu'il pense plus positivement.